Oberkommando der Wehrmacht (Hg.)

Feldkochbuch für behelfsmäßiges Kochen und Backen in den Kolonien

Oberkommando der Wehrmacht (Hg.)

Feldkochbuch für behelfsmäßiges Kochen und Backen in den Kolonien

---

ISBN/EAN: 9783845720739
Erscheinungsjahr: 2011
Erscheinungsort: Bremen, Deutschland

www.unikum-verlag.de | office@unikum-verlag.de

Oberkommando der Wehrmacht (Hg.)

Feldkochbuch für behelfsmäßiges Kochen und Backen in den Kolonien

Oberkommando der Wehrmacht

Feldkochbuch

für behelfsmäßiges Kochen und Backen in den Kolonien

Unveränderter Nachdruck

Berlin 1941

Gedruckt im Oberkommando der Wehrmacht

Inhaltsangabe

Vorbemerkung.

Gute Ernährung erhält die Leistungsfähigkeit, hebt die Stimmung und erhöht die Widerstandskraft des Körpers gegen Krankheiten.

Die Speisen müssen schmackhaft sein, damit sie gern und mit Appetit gegessen werden, und leicht verdaulich, damit der Körper sie ohne Beschwerden und unter Ausnutzung möglichst aller ihrer Nährstoffe verarbeiten kann.

Jeder Kolonialsoldat muß selbst kochen können. Der Zweck dieses Buches ist, zu zeigen, wie man mit den im Felde bei ungünstigsten Kochverhältnissen vorhandenen einfachsten Mitteln die gelieferten Lebensmittel auch dann nutzbringend zubereiten kann, wenn in Feldküchen, Kochkisten oder den üblichen Kochgeräten nicht gekocht wird. Bequemlichkeit soll nie ein Grund sein, bei der Zubereitung der Speisen weniger sorgsam zu verfahren; die kleine Mühe des sorgfältigen Kochens lohnt sich doppelt: dem Einzelnen durch Erhöhung seines Wohlbefindens, dem Ganzen durch Erhöhung der Leistungsfähigkeit der Truppe.

Bei der Auswahl der Speisen für die einzelnen Mahlzeiten muß auf Abwechslung Wert gelegt werden. Sind nur wenige Arten von Nahrungsmitteln vorhanden, dann muß durch häufigen Wechsel in der Art der Zubereitung Einförmigkeit vermieden werden. Wenn irgend möglich, ist Frischkost, selbst in geringen Mengen zuzusetzen.

Auch auf die klimatischen Verhältnisse ist bei der Auswahl der Kost Rücksicht zu nehmen: Fett und Fleisch treten in der heißen Zeit — namentlich mittags — zurück hinter den pflanzlichen Nahrungsmitteln, von denen wiederum die Früchte hervorragend geeignet sind, erfrischend und durststillend zu wirken.

Es soll während des Tages überhaupt kein Alkohol getrunken werden; erst abends ist verdünnter Alkohol (z. B. Weinbrand, Sodawasser, Whisky, Schorle-Morle) bekömmlich.

Dünner Tee, dünner Kaffee, Wasser mit etwas Zitronensäure oder Fruchtsaft sind in der heißen Zeit die besten und auch unschädlichen Mittel zur Stillung des Durstes.

Raum- und Gewichtstabelle

Feldflasche 31.

Feldflasche	0,800 l (4/5 l)
Trinkbecher	0,375 l (3/8 l)

Kochgeschirr 31.

Kochgeschirr	1,700 l (etwa 1 3/4 l)
Kochgeschirrdeckel	0,540 l (etwa 1/2 l)

Kochgerät 15.

kleines Gefäß	9 l
mittleres Gefäß	10,5 l
großes Gefäß	12 l
Eßlöffel	etwa 20 g

I. Allgemeines
für das Kochen in kleinsten Kochgruppen.

1. Die Zubereitung der Speisen im Felde findet am besten in Kochgruppen von 4—6 Mann statt. Die Vorzüge gegenüber dem Einzelkochen bestehen hauptsächlich darin, daß die Rohstoffe besser ausgenützt werden und daß nur ein Teil der Gruppe durch das Kochen in Anspruch genommen wird, während der andere Teil ruhen oder beschäftigt werden kann. Außerdem können die Lebensmittel in den Kochgeschirren getrennt gekocht werden.

   Die Kochgruppen werden zweckmäßig innerhalb der Gruppen usw. nach eigener Wahl der Mannschaften gebildet, doch hat der jeweilige Vorgesetzte dafür zu sorgen, daß sich bei jeder Gruppe wenigstens ein im Kochen erfahrener Mann befindet.

2. Jeder Mann muß ein scharfes Messer, eine Gabel, einen Löffel, einen Becher mit Griff und einen Dosenöffner besitzen.

3. Die abgestorbenen vertrockeneten Äste der Büsche und Bäume geben ein ausgezeichnetes Brennmaterial ab. In der Nähe häufig besuchter Wasserstellen wird jedoch trockenes Holz meistens fehlen. Wenn dies bekannt oder zu erwarten ist, empfiehlt es sich, unterwegs Holz zu sammeln und mitzuführen. Das Fällen lebender Büsche zur Gewinnung von Brennholz sollte allgemein unterbleiben, da das grüne

Holz viel Rauch, aber wenig Hitze erzeugt; auch bedeutet in holzarmen Gegenden die Vernichtung eines Busches eine Schädigung des hier so wichtigen Holzbestandes.

Ein sehr guter Ersatz für Brennholz ist trockener Ochsen- und Kameldünger, der gerade an Wasserstellen häufig zu finden ist und große Heizkraft besitzt.

Im holzarmen Dünengelände wird die sogenannte Buschmannskerze, eine tellerartige, niedrige, harzreiche Pflanze mit Erfolg als Brennmaterial verwandt. Darüber hinaus ist es zweckmäßig, Hartspiritus mitzuführen.

4. Die Feuerstelle muß vor dem Winde geschützt sein, damit gleichmäßige Wärme erzielt wird. Wenn natürlicher Schutz nicht vorhanden ist, wird der Wind durch aufgestellte Steine oder einen kleinen aufgeschütteten Erdwall abgehalten.

   In erster Linie wird der auf sich gestellte einzelne Mann auf sein Kochgeschirr angewiesen sein. Besteht die Möglichkeit, anderes Kochgerät mitzuführen, ist dieses zu benutzen.

   Das Kochgeschirr ist mit den beiden entgegengesetzten schmalen Rändern so auf flache Steine zu setzen, daß das Feuer den Boden und die Breitseiten erhitzt.

5. Das Kochgeschirr darf nie ohne Flüssigkeit (Wasser, Fleischbrühe oder Fett) auf das Feuer gebracht werden. Bei gelinder Hitze muß wenigstens der

Boden bedeckt, bei starkem Feuer ein Drittel des Kochgeschirrs gefüllt sein.

Das Kochgeschirr ist beim Kochen stets zuzudecken, weil die Speisen dann rascher gar werden und besser schmecken, auch die Nährstoffe, besonders die Vitamine besser erhalten bleiben als beim offenen Kochgeschirr; zudem kommt in das zugedeckte Kochgeschirr weder Rauch noch Staub hinein. Der Deckel des Kochgeschirrs muß während des Kochens umgekehrt, mit der Öffnung nach oben, aufgelegt werden.

II. Fleisch.

Frisches Fleisch und Konservenfleisch.

6. Frisches Fleisch soll nach dem Schlachten etwa 12 Stunden abhängen; dabei muß das Fleisch fliegensicher, z. B. in einem Sack aus Moskitogaze, hängen.

Soll frisches Fleisch mehrere Tage aufbewahrt werden, so muß es nach dem Schlachten zum Trocknen der Oberfläche einen Tag der Sonne und dann im Schatten hängend dem Luftzuge ausgesetzt werden. Für kurze Aufbewahrung eignet sich das Einwickeln des Fleisches in mit Essig getränkte Tücher.

Jedes frische Fleisch (Ausnahme Ziffer 15—20) muß vor dem Kochen oder Braten tüchtig geklopft, von Knochen, Häuten und Sehnen befreit und gewaschen werden; es wird dann gekocht, geschmort, gebraten oder gedämpft.

Auch völlig frisches Fleisch läßt sich sofort nach dem Schlachten genießbar zubereiten, wenn es nach dem Klopfen (etwa 15 Minuten lang!) und Entfernen der Sehnen mit dem Messer geschabt, gehackt oder auch nur in kleine Stücke geschnitten oder mit der Fleischhackmaschine zerkleinert wird.

Der Genuß von rohem Fleisch, auch Wildfleisch, ist wegen der leichten Übertragung der häufig vorkommenden Bandwurmfinnen und Trichinen unbedingt zu verwerfen und daher verboten.

7. Das gehörig vorbereitete Fleisch — siehe Ziffer 6 — wird mit Salz und sonstigen Zutaten (getrocknetes Suppenkraut) in kochendes Wasser gelegt und bei mäßigem Feuer bis zum Weichwerden gekocht. Das Wasser soll das Fleisch gut bedecken. Nachgießen von Wasser ist zu vermeiden; muß es doch geschehen, so soll kochendes Wasser dazu genommen werden.

Um festzustellen, ob das Fleisch weich ist, sticht man von oben mit einer Gabel hinein. Bleibt das Fleisch beim Emporziehen hängen, so ist es noch nicht gar.

Zum Hammelfleisch soll man nach Möglichkeit Zwiebeln oder etwas Kümmel mitkochen.

8. Fleischbrühe wird gewonnen, wenn das Fleisch mit kaltem Wasser, dem etwas Salz und Gewürz hinzugefügt ist, auf das Feuer gebracht wird.

Fleischabfälle und zerkleinerte Knochen können mitgekocht oder auch allein zur Gewinnung von Fleischbrühe ausgekocht werden.

Schmorfleisch.

9. Im Kochgefäß wird etwas Schmalz oder Butter ausgelassen, das Fleisch hineingetan und bei mäßigem Feuer auf allen Seiten angebraten. Das Anbrennen ist durch Zugeben von Fett zu verhindern. Dann wird Salz und Pfeffer, ein Lorbeerblatt, Zwiebel und soviel kochendes Wasser hinzugesetzt, sodaß das Fleisch reichlich zur Hälfte darin liegt. Das Kochgefäß ist dann zu schließen und etwa 2½ Stunden bei zwei- bis dreimaligem Umwenden des Fleisches zu garen. Ist das Fleisch gar, wird es herausgenommen.

Zur Herstellung von Tunke wird Mehl in kaltem Wasser angerührt und in der zurückgebliebenen Brühe noch einmal aufgekocht.

Gebratene Fleischscheiben.

10. Das Fleisch wird nach der Vorbereitung — siehe Ziffer 6 — in fingerdicke Scheiben geschnitten, mit Pfeffer und Salz eingerieben, nochmals geklopft, und im Kochgeschirrdeckel in heißem Fett auf das mäßig starke Feuer oder noch besser, auf glühende Kohlen oder Asche, gesetzt. Ist die Scheibe auf der einen Seite braun gebraten, — Dauer etwa 2 Minuten —, so wird sie umgedreht und auf der Rückseite ebenfalls braun gebraten.

Dann kommt die zweite Scheibe in den Deckel. Die Scheiben müssen nach Bedarf mit heißem Fett, dem von Zeit zu Zeit etwas heißes Wasser hinzuzusetzen ist, übergossen werden, damit sie nicht anbrennen. Zwiebeln können mitgebraten werden. Getrocknete Zwiebeln verbrennen leicht!

Fehler, die das Braten mißlingen lassen:

a) Der Deckel wird während des Bratens vom Feuer genommen; Deckel und Fett kühlen dadurch ab.

b) Es werden zwei Fleischscheiben und mehr gleichzeitig in den Deckel gelegt, so daß sie aufeinander liegen. Das Braten wird dadurch unmöglich gemacht.

c) Es wird zuviel Fett genommen. Das Fleisch brät dann nicht, sondern wird in Fett gesotten.

Ein einfaches Mittel, Hammelfleischschnitte zu braten: man macht flache, platte Steine über Feuer heiß, legt die Fleischschnitte darauf und läßt sie im eigenen Saft gar werden.

Schnitzel.

11. Die Fleischscheiben werden, genau wie in Ziffer 10 angegeben, behandelt, jedoch vor dem Braten in Mehl oder trockenem zerkrümeltem Brot oder Zwieback umgedreht. Sie sehen appetitlicher aus und schmecken auch besser als einfache Fleischscheiben. Zwiebeln sind fortzulassen.

Klops.

12. Das nach Ziffer 6 hergerichtete Fleisch wird durch die Fleischhackmaschine gedreht oder geschabt, mit etwas Salz, Pfeffer und Zwiebeln sowie etwas Mehl oder zerriebenem Brot verrührt und zu kleinen Brötchen geformt, die, wie unter Ziffer 10 angegeben, gebraten werden.

Klopsfleisch ist stets frisch herzustellen und darf ungebraten nicht aufbewahrt werden.

Spießbraten.

13. Das wie zum Braten hergerichtete Fleisch wird in großen oder in fingerdicken Scheiben auf einen spitzen Stock gesteckt und unter fortwährendem Umdrehen über glühenden Kohlen oder Asche geröstet.

Damit der Stock nicht verbrennt, muß er naß gemacht werden, soweit er mit dem Feuer in Berührung kommt.

Fleischscheiben nach Hottentottenart.

14. Die wie zum Braten vorbereiteten Fleischscheiben werden auf glühende Kohlen oder in glühende Asche gelegt und auf beiden Seiten geröstet.

Diese Zubereitungsart kann auch angewandt werden, wenn Gewürze vollständig fehlen.

Perl- oder Savannenhühner, die schwer weich zu kochen sind, kann man in einer halben Stunde schmackhaft zubereiten, wenn man sie auf diese Weise brät.

Gebratene Leber und Niere.

15. Leber und Niere werden gewaschen, abgehäutet, in Scheiben geschnitten, mit etwas Weizenmehl bestreut und in brauner Butter oder dampfendem Fett gebraten. Salz und Pfeffer werden erst nach dem Braten zugegeben, damit die Leber nicht hart wird. Nach Geschmack können etwas Essig und Zwiebeln hinzugesetzt werden.

Aschenkopf.

16. Ein Schafs- oder Ziegenkopf wird nach gehöriger Reinigung gesalzen und gepfeffert, die Augen werden entfernt und der ganze Kopf in heiße Asche gelegt und zugedeckt.

Nach 3 bis 4 Stunden ist das höchst schmackhafte Gericht fertig. Der Kopf wird dann herausgenommen und die Haut abgezogen. Backen, Zunge und Hirn können genossen werden. Hirn ist wegen seiner wertvollen Stoffe wichtig.

Fettschwanz.

17. Der Fettschwanz wird in kleine Stücke geschnitten, mit der gleichen Menge Schweineschmalz, im Notfall auch ohne Schmalz, etwa 2 Händen Backobst (Äpfel) und Zwiebeln vermischt und in bedeckter Pfanne gut durchgebraten. Das Fett wird dann in einen Topf oder eine Blechbüchse gegossen und abgekühlt. Das erkaltete und festgewordene Fett erinnert im Geschmack an Gänseschmalz und ist wie dieses zu verwenden.

Nierenfett darf nicht mitgebraten werden, da es das Schwanzfett talgig macht.

Gedünstetes Fleisch.

18. Das Fleisch wird ohne weitere Vorbereitungen in Stücke geschnitten, die bequem in das Kochgeschirr hineingehen, gesalzen, gepfeffert und mit etwas Fett oder einem halben Becher Wasser in das Kochgeschirr getan. Bei fettem Hammelfleisch ist die Zugabe von Fett oder Wasser nicht erforderlich. Das Kochgeschirr ist mit dem Deckel fest zu verschließen.

Darauf wird ein Loch im Erdboden ausgehoben, das etwas größer und tiefer sein muß, als das Kochgeschirr. Der Boden des Loches ist mit glühender Kohle gut zu bedecken und das geschlossene Kochgeschirr daraufzustellen. Der Zwischenraum zwischen Kochgeschirr und Erdwand wird ebenfalls mit glühender Kohle ausgefüllt, auch der Deckel damit bedeckt, so daß das ganze Kochgeschirr vollständig von glühender Kohle umgeben ist. Das Loch wird dann mit Erde luftdicht zugeschüttet. Nach 2 bis 3 Stunden ist das Fleisch gar gedünstet.

Diese Zubereitungsart hat den Vorzug, daß auch das zäheste Fleisch weich wird, saftig bleibt, nicht anbrennt und nicht beaufsichtigt zu werden braucht.

Gulasch.

19. Eine Portion Fleisch wird in etwa walnußgroße Würfel geschnitten, 1 bis 2 Eßlöffel Fett werden im Kochgeschirr zerlassen und das Fleisch darin an-

gebräunt. Einige getrocknete Zwiebeln, Kümmel, Pfeffer und Salz werden hinzugetan und wenig Wasser zugegossen. Das Kochgeschirr ist dann zuzudecken und der Inhalt langsam zu schmoren. Zum Andicken der Tunke wird etwas Mehl mit wenig kaltem Wasser angerührt und zugegeben.

Bülltong.

(Nur im Notfalle zu verwenden, wenn andere Fleischnahrung nicht vorhanden ist.)

20. Das frische Fleisch wird in 4 bis 5 cm dicke Streifen von beliebiger Länge geschnitten, ungewaschen gut mit Salz eingerieben, einen Tag an die Sonne und 3 bis 4 Tage in den Schatten (in freier Luft) gehängt. Es bildet sich dann eine harte, trockene und widerstandsfähige äußere Schicht, während das Innere des Fleischstückes weich und feucht bleibt. Das Fleisch ist nun genießbar und hält sich 4 bis 8 Wochen; es ist nach 8- bis 10stündigem Aufweichen in kaltem Wasser anzusetzen und garzukochen; es eignet sich so am besten zu Gulasch oder zum Zusammenkochen mit Gemüse.

Bülltong von Wild gibt eine besonders schmackhafte Fleischsuppe.

Rauchfleisch.

(Nur bei ortsfestem Aufenthalt.)

21. Das zum Räuchern bestimmte Fleisch muß zuerst gepökelt werden. Rindfleisch eignet sich besser zum

Pökeln als Hammelfleisch. Das Pökeln und Räuchern des Fleisches gelingt um so besser, je mehr Blut den Tieren beim Schlachten entzogen worden ist. Lendenbraten, Nierenfett, Fettansätze, Schultern, Keulen, Bauchfleisch und alle größere Knochen werden ausgelöst. Der Rest des geschlachteten Tieres wird dann in etwa 3 bis 4 kg schwere Stücke geschnitten; Schinken dürfen jedoch nicht gespalten werden.

Die Fleischstücke werden nun von allen Seiten, besonders an den Schnittflächen, kräftig mit Salz eingerieben und in sauber ausgekochte dichte Fässer gelegt. Dann gießt man soviel gut gekühlte Lake in das Faß, bis die Fleischstücke vollkommen bedeckt sind.

Lake erhält man durch Zusammenkochen von Wasser, Salz, Zucker und Salpeter; die Mischung wird während des Kochens gut abgeschäumt und dann zum Abkühlen zurückgestellt.

Zu 6 Liter Wasser gehören 1 kg Salz, 120 g Zucker und 15 g Salpeter.

Auf die oberste Fleischlage werden nach dem Zugießen der Lake sorgfältig gereinigte Bretter gelegt und diese beschwert, damit das Fleisch vollständig unter der Lake gehalten wird. Nach etwa 8 bis 10 Tagen können die Fleischstücke herausgenommen werden; sie müssen dann noch etwa 24 Stunden dem Luftzuge ausgesetzt werden, damit sie trocknen. Das Fleisch wird dann in der Räucherkammer oder über der gewöhnlichen Feuerstelle (Küche) so aufgehängt, daß die Stücke sich nicht berühren und daß sie vom Feuer nicht erreicht werden.

Das Feuer muß wenig Hitze, aber viel Rauch entwickeln. Große Hitze macht das Fleisch hart, trocken und holzig.

Die Fleischstücke werden etwa 4 bis 5 Tage, Schinken etwa 8 bis 10 Tage, dem Rauch ausgesetzt. Ist das Fleisch genügend durchgeräuchert, so wird es herausgenommen und nur noch einige Zeit dem Luftzuge zum Trocknen ausgesetzt.

Fleisch- und Mischkonserven.

22. Der Inhalt der Konservenbüchsen kann ohne weitere Zutat im Kochgeschirrdeckel oder im Kochgeschirr vorsichtig gewärmt werden. Anbraten von Zwiebeln und Speck verbessert den Geschmack.

Fleischkonserven sind als nicht einwandfrei anzusehen, wenn die Büchse Auftreibungen zeigt, die sich mit der Hand nicht eindrücken lassen. Machen sich beim Öffnen der Büchse Gasentwicklung oder Zischlaut bemerkbar oder sieht das Fleisch mißfarbig aus, riecht und schmeckt es übel, so ist der Inhalt der Büchse verdorben und darf nicht genossen werden. Werden Fleischkonserven mit Gemüse zusammengekocht, so sind sie im garen Gemüse nur zu erwärmen, nicht zu kochen.

Fisch.

23. Fische, Langusten, Krabben, Krebse sind nach dem Töten möglichst sofort, spätestens in 6—7 Stunden zuzubereiten. Kauft man sie von Eingeborenen, ist zu beachten, daß die Tiere noch springlebendig

sind. Zur Säuberung gehören: das Schuppen, Entfernen von Kopf und Flossen, Ausnehmen durch Aufschneiden der Bauchseite, Entfernen der Eingeweide und der grauen Innenhaut, sowie gründliches Waschen, möglichst mit Essigwasser. Die Fische sind je nach Größe und verfügbarem Gerät ganz oder geteilt zuzubereiten. Sie sind gar, wenn sich das Fleisch von den Gräten löst.

Gekochter Fisch.

24. Das Wasser mit würzenden Zutaten wie Salz, Pfeffer, Lorbeerblatt, Zwiebeln und Kräuter wird zum Kochen gebracht, worauf man den Fisch 20 bis 30 Minuten je nach Dicke in dieser Brühe ziehen läßt.

Gebratener Fisch.

25. Fischstücke, längs oder quergeteilt, können wie Fleisch unter Ziffer 10–12 zubereitet werden. Das Fischfleisch ist nicht zu klopfen.

Klippfisch.

26. Klippfisch ist stark gesalzen und getrocknet. Er ist in Streifen zu schneiden und 48 Stunden unter zeitweisem Wasserwechsel, möglichst unter Essigzusatz zu wässern, wobei darauf zu achten ist, daß er immer mit Wasser bedeckt sein muß. Zum Säubern gehören: Abziehen der Haut, Entfernen der größeren Gräten. Die Garzeit beträgt 10–20 Minuten. Er läßt sich wie frischer Fisch weiterverarbeiten und gibt in Verbindung mit Kartoffeln und Gemüse gute Eintopfgerichte.

III. Gemüse.

Reis.

27. Der Reis wird entweder zusammen mit Fleisch oder für sich gekocht. Vor der Zubereitung muß der Reis ausgesucht und gewaschen, d. h. mehrere Male mit kaltem Wasser durchgespült werden.

Als Einlage zur Fleischbrühe genügen etwa 1 bis 3 Eßlöffel Reis auf ein Kochgeschirr. Der Reis muß der Fleischbrühe etwa eine halbe Stunde vor dem Garwerden des Fleisches zugesetzt werden; er ist fertig, wenn das Korn sich leicht zwischen den Fingern zerdrücken läßt.

Beim Fehlen von frischem Fleisch kann Reis auch allein in Wasser gekocht werden, ihm ist dann aber kurz vor dem Fertigwerden ein Löffel Schmalz oder Butter hinzuzusetzen oder man läßt Büchsenfleisch darin warm werden.

Dicker Reis.

28. Der Reis wird in kaltem Salzwasser im Verhältnis 1 Teil Reis 3 Teile Wasser angesetzt und 20 bis 30 Minuten gekocht. Als Zutat eignet sich sehr gut braune Butter, die wie folgt zubereitet wird: 1 Eßlöffel Butter wird im Kochgeschirrdeckel erhitzt und, nachdem sie zu zischen aufgehört hat, mit einem Löffel umgerührt, bis sie braun wird. Tomatenmark in das fertige Gericht einrühren.

Süßer Reis.

29. Der Reis wird mit kaltem Wasser, 1 Teil Reis zu 3 Teilen Wasser und etwas Salz etwa 20 Minuten

gekocht, dem gekochten Reis werden Konservenmilch und ein Eßlöffel Butter zugesetzt. Zucker ist nach Geschmack im Wasser oder in der Milch aufzulösen. Man läßt den Reis dann an mäßig warmer Stelle gar werden.

Als Zutat ist Fruchtsaft geeignet.

Kochfertige Suppen und Wehrmachtsuppenkonserven.

30. Die Suppenkonserven werden fein zerdrückt und im Kochgeschirrdeckel mit etwas warmem Wasser zu einem dicken Brei angerührt. Den Brei gießt man in kochendes Wasser und kocht die Suppe nach der Anweisung, die auf der Verpackung angebracht ist.

Hülsenfrüchte.

31. Hülsenfrüchte eignen sich nicht gut zur Mitnahme zum Einzelkochen, weil zu ihrer Zubereitung gutes, weiches Wasser und viel Zeit erforderlich sind. Mit brackigem Wasser lassen sich Hülsenfrüchte überhaupt nicht weichkochen.

Hülsenfrüchte werden zunächst verlesen, gewaschen und etwa 24 Stunden in kaltem Wasser eingeweicht, dann auf Feuer gesetzt und zum Kochen gebracht. Mit einer Prise Salz werden die Hülsenfrüchte dann bis zum Weichwerden — etwa drei Stunden — gekocht; es kann nach Geschmack etwas Gewürz, Essig und Zucker beigefügt, auch können frisches Fleisch, Speck, Wurst oder Fett mitgekocht werden. Fleischkonserven werden im fertigen Gericht erwärmt, nicht gekocht.

Graupen und Grütze.

32. Graupen und Grütze sind mehrere Male mit kaltem Wasser durchzuspülen, in siedende Fleischbrühe oder Wasser zu geben und darin zu kochen.

Garzeit für

Graupen etwa 2 Stunden,
Grütze etwa 1 Stunde.

Grieß.

33. Grieß wird langsam in siedende Fleischbrühe unter ständigem Rühren geschüttet und darin etwa eine Viertelstunde gekocht.

Nudeln, Makkaroni und Spagetti.

34. Nudeln und Makkaroni sind in beliebig lange Stücke zu brechen, in stark kochendes Salzwasser zu geben und nur etwa 15 bis 20 Minuten zu kochen. Sind sie weich, so läßt man das Wasser gut ablaufen und übergießt die trocken gewordenen Nudeln oder Makkaroni mit brauner Butter. Tomatenmark verbessert den Geschmack. Als Suppeneinlage werden sie etwa 10 bis 20 Minuten mit der Suppe gekocht.

Gebackene Nudeln oder Makkaroni.

35. Gekochte Nudeln oder Makkaroni werden in heiße Butter gegeben und darin braungebraten.

Getrocknetes Gemüse.

36. Getrocknetes Gemüse ist möglichst mehrere Stunden einzuweichen und im Einweichwasser unter Zugabe von Salz und Fett oder zusammen mit Fleisch gar zu kochen. Die Kochzeit ist nach Art des Gemüses verschieden. Sie liegt zwischen 1—2 Stunden.

Getrocknetes Gemüse, das auf dem Transport verschmutzt ist, wird vor dem Einweichen kurz aber gründlich gewaschen. Das Einweichwasser darf nicht weggegossen werden, weil wichtige Nährsalze und Vitamine wasserlöslich sind und somit vernichtet würden.

Wird getrocknetes Gemüse ohne vorheriges Einweichen gekocht, so verlängert sich die Garzeit um ½—¾ Stunde.

Getrocknete Kartoffeln.

37. Getrocknete Kartoffeln sind zu waschen und wenn möglich einige Stunden in kaltem Wasser einzuweichen und im Einweichwasser mit Salz zu kochen.

Bratkartoffeln.

38. Gekochte, getrocknete Kartoffeln werden mit Salz bestreut, in heiße Butter oder heißes Schmalz gelegt, und auf mäßigem Feuer unter zeitweisem Wenden braun gebraten. Zusatz von Zwiebeln erhöht den Wohlgeschmack.

Salzkartoffeln.

39. Die getrockneten Kartoffeln werden gewaschen und in kaltem Wasser eingeweicht, gesalzen und etwa ¾ bis 1 ¼ Stunden weich gekocht. Das Wasser ist abzugießen, das Kochgeschirr mit nicht ganz schließendem Deckel heftig zu schütteln und ohne Deckel zum Abdampfen neben das Feuer zu stellen.

Sauerkohl.

40. Sauerkohl aus der Dose wird mit der Kohlbrühe und wenn nötig mit Wasser angesetzt, mit 1 Eßlöffel

Schmalz und etwas Zwiebel vermischt und weich gekocht.

Der in Büchsen befindliche Sauerkohl ist speisefertig und kann nach gehöriger Durchwärmung ohne weiteres genossen werden.

Backobst.

41. Backobst wird gewaschen und mit Wasser und etwas Zucker weichgekocht.

Bei getrockneten Aprikosen genügt mehrstündiges Aufweichen und Zuckern. Das Kochen erübrigt sich.

VI. Gewürze und andere Speisezutaten.

42. Gewürze und andere Speisezutaten dienen dem Aufwerten der Kost in bezug auf Nährwerte, Vitamine und Geschmack. Sie sind schonend zu behandeln.

Vollsoja (siehe Anlage).

43. Vollsoja dient zum Anreichern der Kost. Es enthält Fett und hochwertiges Eiweiß. Mit kaltem Wasser angerührt, ist es ans gare Gericht zu geben und darf nur kurz darin aufkochen. Zum Herstellen von Mehlschwitzen ist Vollsoja nicht geeignet. Weitere Gebrauchsanweisungen sind der Anlage zu entnehmen.

Anlage 1

Tomatenmark.

44. Tomatenmark ist reich an Vitaminen. Nach Beendigung des Kochvorganges wird es unter das fertige Essen gemischt ohne nochmal aufzukochen. Beim Zusatz geringer Mengen genügt ein Verrühren im

Gericht. Größere Mengen sind mit etwas kaltem Wasser aufzurühren und zuzusetzen.

Bei Tomatengerichten wie Tomatentunke, Tomatennudeln, Tomatengraupen, Tomatenreis wird auf 1 Liter 1 Eßlöffel Tomatenmark zugesetzt. Außer zu reinen Tomatengerichten ist es als Zusatz z. B. zu Fleisch, Fisch, Suppen, Tunken usw. als würzende Zutat, dann allerdings in geringen Mengen zu verwenden. Tomatenmark ist in geschlossenen Behältern aufzubewahren.

Hefeextrakt.

45. Hefeextrakt ist vitaminhaltig und wirkt appetitanregend. Er ist in heißem Wasser aufzulösen und dem fertigen Gericht zuzusetzen; nicht kochen! ($^1/_4$ bis $^1/_2$ Eßlöffel auf 1 *l*.)

Fleischextrakt.

46. Fleischextrakt regt gleichfalls den Appetit an und wirkt stärkend. Mit heißem Wasser aufgelöst ist er dem fertigen Gericht zuzusetzen; nicht kochen!

Fleisch- und Hefeextrakterzeugnisse.

47. Aus Fleisch- und Hefeextrakt werden Brühwürfel, gekörnte Brühe, Brühpasten und Würzen hergestellt, die zur Bereitung von Brühen unter Zusatz von heißem Wasser oder zum Würzen von Suppen, Tunken, Eintopfgerichten und Teigwaren dienen; besonders auch dann, wenn kein Fleisch vorhanden ist.

Das Würzen.

48. Das Würzen dient in erster Linie der geschmacklichen Verbesserung. Übermäßiges Würzen ist zu vermeiden. Neben den vorerwähnten Stoffen sind außer Salz, die eigentlichen Gewürze anzuwenden z. B. Pfeffer, Paprika, Lorbeerblatt und Gewürzkräuter. Ganze Gewürze wie Körner und Samen sind mitzukochen. Gewürze in Pulverform sind am Schluß kurz mitzukochen. Frische Kräuter sind nicht mitzukochen, sie werden gewaschen, zerkleinert und ans fertige Gericht gegeben. Getrocknete Suppenkräuter und getrocknete Zwiebeln sind im Gericht mitzukochen.

Weitere Gebrauchsanweisungen über die Verwendung von Gewürzen sind der H. Dv. 86 S. 17—23 zu entnehmen.

V. Getränke.

Kaffee.

a) Rösten des Kaffees.

49. Roher Kaffee wird ausgesucht, schwarze Bohnen sind zu entfernen. Dann wird er gewaschen, getrocknet, in einem Gefäß unter dauerndem Rühren und Schütteln zuerst über schwachem, dann über lebhafterem Feuer geröstet. Sieht der Kaffee braun und glänzend aus, so ist mit dem Rösten aufzuhören.

Der geröstete Kaffee wird in geschlossenem Kochgeschirr noch eine Weile geschüttelt. Die Bohnen müssen immer braun, nicht schwarz sein.

b) Zubereitung.

Der gebrannte Kaffee muß recht fein gemahlen oder gestoßen werden. Ist eine Kaffeemühle nicht vorhanden, so wird der Kaffee mittels eines flachen und eines runden Steines gründlich zerkleinert — Preßkaffee wird zerbröckelt und gebrüht.

Etwa 1½ bis 2 Eßlöffel fein gestoßenen Kaffees werden in ein leeres Kochgeschirr getan. Darüber gießt man siedendes Wasser, läßt es zugedeckt etwa 5 bis 10 Minuten stehen und gießt dann vorsichtig die Flüssigkeit von dem zu Boden gesunkenen Kaffeesatz ab.

Nötigenfalls kann vor dem Abgießen noch etwas kaltes Wasser hinzugegossen werden, damit die auf der Oberfläche schwimmenden Teile des Kaffeepulvers besser zu Boden sinken.

Tee.

50. Auf ein Kochgeschirr Wasser rechnet man einen halben Eßlöffel Tee. Das Wasser ist gut aufzukochen und dann auf den Tee zu schütten. Das Wasser darf nun nicht weiterkochen.

Man stellt das Kochgeschirr neben das Feuer, läßt den Tee einige Minuten ziehen, bis das Wasser goldgelb geworden ist, und gießt den fertigen Tee von den zu Boden gesunkenen Blättern ab.

Die Teeblätter dürfen nicht zu lange im Wasser liegen bleiben, da der Tee sonst bitter schmeckt.

Aus den bereits benutzten Teeblättern kann noch ein zweiter, schwächerer Aufguß hergestellt werden, der sich zur Füllung der Feldflaschen eignet.

Wasser.

51. Im allgemeinen muß der Grundsatz gelten, daß ungekochtes Wasser nicht getrunken werden darf. Das Wasser der offenen Wasserstellen ist fast immer mehr oder weniger verschmutzt und deshalb ohne vorheriges Abkochen als Trinkwasser ungeeignet. Es wird nur dann vollständig keimfrei und trinkfähig, wenn man es mindestens 10 Minuten fortgesetzt kochen läßt oder mit Hilfe des Heerestrinkwasserbereiters oder Tornisterfiltergerätes keimfrei macht. So filtriertes Wasser kann auch ungekocht ohne Gefahr getrunken werden. Der fade Geschmack abgekochten Wassers läßt sich durch einen Zusatz von Marschgetränk, Zitronensäure in Pulver- oder kristallisierter Form oder in Lösung und etwas Zucker beseitigen. Für 1 Liter Wasser genügt eine Messerspitze pulverisierter Zitronensäure oder Marschgetränk.

Brackiges (salziges) Wasser wird am besten zu dünnem Tee mit etwas Marschgetränk oder Zitronensäure verwendet. Kaffee, mit Brackwasser gekocht, schmeckt bitter und ist nicht zu genießen. Der brackige Geschmack wird etwas gemildert, wenn man in das siedende Wasser einige Stückchen Holzkohle wirft.

Trübes und schmutziges Wasser muß vor dem Gebrauch zu Kochzwecken geklärt werden; dies kann je nach dem Grad der Verunreinigung auf verschiedene Art geschehen. Bei geringer Trübung genügt meistens schon mehrmaliges Durchgießen durch ein reines Tuch (Zwiebackbeutel), bei stärkerer Verschmutzung empfiehlt sich ein Zusatz von Alaun, der die im Wasser enthaltenen Schmutzstoffe zu Boden reißt. Erfahrungsgemäß wirkt Alaun am besten, wenn man auf das abgekochte Wasser bis zur eben sichtbar werdenden Flockenbildung feingepuderten Alaun streut. In der Regel genügt eine Messerspitze bis ein Teelöffel Alaun, je nach dem Grade der Verschmutzung des Wassers, zur Klärung eines Preßbeutels mit Wasser (Zeitdauer eine Stunde); stärkere Alaungaben beschleunigen zwar die Klärung, verschlechtern aber den Geschmack des Wassers, erzeugen Durchfall und sind überhaupt gesundheitsschädlich. Auch kann man Wasser klären, indem man Mehl über die Oberfläche streut. Das niedersinkende Mehl nimmt die Schmutzteilchen mit zu Boden. An Stelle von Alaun kann feingeriebene, saubere Holzasche, pulverisierte Zitronensäure oder etwas Essigessenz zur Klärung verwendet werden.

Das klare Wasser muß vorsichtig abgegossen, wenn möglich, mit einem Heberschlauch abgezogen werden, damit die am Boden liegenden Schmutzstoffe sich nicht wieder mit dem geklärten Wasser vermischen. Es muß auch nach der Klärung vor dem Genuß abgekocht werden.

Sind größere Wassermengen zu klären, so empfiehlt sich die Herstellung eines einfachen Filters auf folgende Art:

In einem leeren Blecheinsatz für Kisten wird von unten nach oben je eine Lage Kieselsteine, Holzkohle und Flußsand geschichtet. Als oberste Lage kann geruchlose Verbandwatte oder eine Schicht ausgekochter zusammengelegter Säcke verwendet werden. An der tiefsten Stelle des Kistenbodens wird ein Loch gemacht und ein Preßbeutel oder Kochgeschirr zum Auffangen des Wassers daruntergestellt. Das von oben hereingegossene Wasser passiert allmählich alle Filterschichten und läuft unten klar ab. Je langsamer die Filtration vor sich geht, desto besser ist ihre Wirkung. Es muß verhindert werden, daß sich in den Filterschichten Hohlräume bilden.

Die Filterschichten müssen öfters erneuert werden.

VI. Brot und Gebäck.

52. Brot kann im Kochgeschirr in heißer Asche mit Sauerteig oder Backpulver gebacken werden. Anwendung nur, wenn Brot anders nicht beschafft werden kann.

a) Backen mit Sauerteig.

1. Im Kochgeschirr nur Einportionsbrote (750 g) herstellen. Für größere Brote ist Kochgeschirr zu klein.
2. Teige nicht für einzelne Brote, sondern möglichst für ganze Einheit gleichzeitig herstellen (Zeitersparnis).

3. Sauer- und Brotteig-Bereitung wie üblich. Zur Brotportion von 750 g gehören 540 g Mehl, 6 g Salz und so viel lauwarmes Wasser (etwa 280 g sind etwa $\frac{1}{4}$ Ltr.), daß ein mittelfester Teig entsteht. Mehlmenge für Sauerteig etwa 45 v. H. der Gesamtmehlmenge = etwa 240 bis 245 g je Portion. Bei Verwendung von Roggen- und Weizenmehl den Sauerteig aus Roggenmehl herstellen. Als Anhalt zur Herstellung von Teig für 160 Brote zu 750 g gilt Anlage 2 Anlage.

4. Teig zu 825 g abwiegen, gut wirken und zu Teigbroten von etwa $\frac{3}{4}$ Kochgeschirrlänge formen. Teigbrote etwa eine Stunde gären lassen.

5. Teigbrote flach in Kochgeschirr legen. Kochgeschirrdeckel aufstülpen und mit Kochgeschirrgriff festklammern. Sodann ausbacken.

6. Zum Ausbacken Biwakfeuer, das mindestens 2 Stunden gebrannt hat, benutzen. Vor Einlegen des Kochgeschirrs Biwakfeuer abräumen; sodann Kochgeschirr flach auf den heißen Erdboden legen. Heiße Aschenreste über das Kochgeschirr schütten. Brot ist dann in $1\frac{1}{4}$—$1\frac{1}{2}$ Stunde gar (bei garem Brot weist ein in das heiße Brot gesteckter Span nach Herausziehen keine feuchten klebrigen Stellen auf).

7. Brot nach erstem Abkühlen (etwa $\frac{1}{2}$ Stunde) vorsichtig aus dem Kochgeschirr herausnehmen.

b) Backen mit Backpulver.

8. An Stelle von Sauerteig kann Backpulver genommen werden. Es wird dann sofort Brotteig gemacht, bei dem der unter a) genannten Menge von 540 g Mehl und 6 g Salz je Brotportion etwa 7—10 g handelsübliches Backpulver beigemengt wird.

Der Teig ist nach Beimengung des Backpulvers sofort zu formen und wie unter a) angegeben, zu backen.

Falls das Backpulver ein Salzpräparat ist, den Teig entsprechend weniger salzen.

Gewichtsangaben:

540 g Mehl	= Kochgeschirr gut halbvoll
6 g Salz	= ½ Eßlöffel
7—10 g Backpulver	= ½ Eßlöffel

Fettkuchen von Mehl.

(Plinsen).

53. Wenig Backpulver mit Weizenmehl trocken vermischen, mit Wasser (noch besser: Milch), einer Prise Salz und Zucker zu einem sehr weichen Teige gründlich verrühren, 3—4 Eßlöffel Teig sind als flache Kuchen im Kochgeschirrdeckel in heißem Fett von beiden Seiten braun zu backen.

Teig kann auch löffelweise abgestochen (er muß dann etwas fester sein) und in siedendem Fett schwimmend gebacken werden. Die Kuchen (sogen.

Kukis) sind gar, wenn sie hellbraun geworden sind und an der Oberfläche des Fetts schwimmen.

Sie können, je nach Geschmack, mit Marmelade bestrichen oder mit Zucker bestreut werden.

Kuchen von Reis und Mehl.

54. In einem Kochgeschirr mit siedendem Wasser einen Trinkbecher Reis weich kochen und mit Weizenmehl und Zucker zu einem dicken Brei vermischen. Salz ist beizufügen. Aus dem Brei kleine Kuchen formen und im Kochgeschirrdeckel in erhitztem Fett hellbraun backen. Die fertigen Kuchen können wie Plinsen und Kukis mit Marmelade oder Zucker versetzt werden.

Backpulver ist nicht erforderlich. Diese Kuchen sind leichter verdaulich als die Fettkuchen von Mehl.

Anlage 1

Grundrezepte für Vollsoja.

Vollsoja enthält reichlich Eiweiß und Fett, auch Lezithin, und dient deshalb dazu, die Speisen kräftig und sämig zu machen. Dagegen enthält Vollsoja keine Stärke, kann also nicht wie Mehl zum Dicken benutzt werden. Die Verarbeitung gelingt immer, wenn auf folgendes geachtet wird: **Vollsoja wird zuerst mit Wasser angerührt und dann den Speisen zugesetzt. Vollsoja nie einbrennen.**

1. **Eintöpfe, Gemüse, Suppen:**

   15 Minuten vor der Ausgabe wird dem fertigen Essen Vollsoja, mit der doppelten Menge Wasser glatt angerührt, unter Rühren beigegeben.

   Kurz aufkochen lassen.

   Man rechnet für alle Suppen, Gemüse und Eintöpfe 5 bis 10 g Vollsoja pro Liter.

2. **Hackfleisch:** (Portionen werden um 1/3 größer!)

   10 kg Hackfleisch (möglichst 1/3 Rind und 2/3 Schwein) oder Leber werden mit etwas Salz und wenig Wasser gut durchgearbeitet, bis es Bindung bekommt. Keine Semmel, keine Brösel, kein Ei nehmen.

   Dann rührt man 0,25 kg Vollsoja mit etwa 1/2 Liter kaltem Wasser zu einem dicken Brei, der nun so lange in das Fleisch eingearbeitet wird, bis eine zäh-schmierige Masse entsteht.

Für Hackbraten ohne Fett formt man die Stücke etwa ein bis zwei Pfund schwer und läßt sie in einer flachen Pfanne, mit wenig Wasser gefüllt, bei guter Oberhitze gar werden.

Die Masse hält besser, ist schnittfester und lockerer als mit Ei und Semmel, außerdem wird der Braten saftiger, nahrhafter und sättigender.

3. **Tunken:**

werden wie üblich zubereitet.

Zum Abziehen von 1 Liter nimmt man etwa 25 g Vollsoja, in Wasser vorher schön glatt gerührt.

Die Tunken werden durch die Vollsoja sahnig und kräftig.

Diese Rezepte sind nur Grundregeln und lassen sich nach Bedarf abwandeln!

Anhalt

zur Teigführung für die Herstellung von 160 Broten zu 750 g

(Nur als Anhalt)

Lfd. Nr.	Stufen der Teigführung	Aufgaben der Stufen	Mengen für 160 Brote zu je 750 g: Wasser l	Mehl kg	Salz kg	Teig kg	Festigkeit	Temperatur °C	Zeit zum Gären Std.	Mengenverhältnis: zu den vorherigen Stufen	zum Gesamtteig %
1	2	3	4	5	6	7	8	9	10	11	12
1	Anstellsauer	Grundform	—	—	—	0,5	siehe Voll- bzw. Grunds.	kühl aufbewahren, wenn nicht sofort gebraucht	—	—	rd 0,5
2	Auffrischsauer	Vermehrung der Hefenbakterien	0,5	0,5	—	1,5	weich, dünnflüssig	25—27	etwa 4 Std.	3fach	1,5
3	Grundsauer	Säurebildung, Stärkung der Gärungsspitze	6	12	—	19,5*	fest	27—28	etwa 5—8 Std.	bis 13fach	15—20
4	Vollsauer	Volle Entwicklung der Gärfähigkeit, gute Teiglockerung	15	25	—	59,5	weich oder mittelfest	30	etwa 4 Std.	3fach	40—60
5	Brotteig für 160 Brote	Lockerung der Gärung	23,14	48,9	0,96	132,50	*0,5 kg Anstellsauer werden jeweils vor dem Teigmachen entnommen				
			44,64	86,4	0,96	132,00					

Bemerkungen (13)

Zu Spalte 2 und 7: Für 160 Brote werden (160 × 0,825 kg) = 132 kg gerechnet. Für 100 kg Teig werden 300—500 g Anstellsauer benötigt, somit für 132 kg rd. 500 g. Der Anstellsauer wird dem Grund- oder Vollsauer entnommen. Von Zeit zu Zeit (dreiwöchentl.) durch Neuentwicklung (Vermischung von Wasser und Mehl — Prozeß 2 Tage —) zu gewinnen.

Zu Spalte 4 und 5: Vermischung von Mehl und Wasser auch 3 : 4.

Zu Spalte 8: Weicher Teig und warm gehalten begünstigt die Vermehrung der Hefebazillen, fester Teig mit kaltem Wasser oder kühl gelagert hemmt die schnelle Reife des Sauers.

Zu Spalte 10: Gilt als Anhalt bei normaler Entwicklung des Sauers.

Zu Spalte 3: Grundsauer ist die wichtigste Stufe in der Sauerteigführung, von ihm hängt der gute Geh- und (Milchsäurebakterien) ab.

Zu Spalte 8: Bei Weichhaltung des Vollsauers ist dieser im Verhältnis zur Teigmenge größer, bei festem Vollsauer und damit größerer Gärkraft ist er kleiner wie der Gesamtteig.

Zu Spalte 3: Nach Fertigstellung des Brotteiges kann meist die Verarbeitung des Teiges zu Teigbroten vorgenommen werden. Vor dem Einschieben der Brote in den Ofen sind die Teigbrote nochmals auf die Gärständer zu legen.
Backzeit: 1¼—1½ Std. bei 250—270° C.

Zu Spalte 7: Von den 132,5 kg Teigmasse gehen beim Voll- oder Grundsauer 0,5 kg Sauer zur weiteren Teigführung ab.

Anmerkung: Gebräuchliche Temperaturen, Prozente und Grade bei der Sauerteigführung:

1. Etwa 58—66% Mehl und 34—42% Wasser beim Teig. Im Beispiel 34% Wasser.
2. „ 42—47% Wassergehalt in der Krume des fertigen Brotes etw. 43—44% Wasser.
3. „ 11—13 Grad Säure beim Vollsauer.
4. „ 3,5—4,5 Grad Säure beim Roggenmehl.
5. „ 2,2—3,2 Grad Säure beim Weizenmehl.
6. „ 8—10 Grad Säure beim Roggenbrot.
7. Anteil des Vollsauer am Gesamtteig etwa 38—40%. Beim Beispiel ist der Anteil in diesem Fall etwas zu hoch.
8. Backausbeute: Aus 1 t Backmaterial (988 kg Mehl + 12 kg Salz) sind 1840 Brote zu 750 g = 1380 kg Brot **mindestens** zu erbacken.

Zeitfracht Medien GmbH
Ferdinand-Jühlke-Straße 7
99095 Erfurt, Deutschland
produktsicherheit@kolibri360.de